Inhalt

Ressourceneffizienz umsetzen - nicht nur Großkonzerne sparen Kosten durch effizienten Materialeinsatz

Kernthesen

Beitrag

Fallbeispiele

Weiterführende Literatur

Impressum

Ressourceneffizienz umsetzen - nicht nur Großkonzerne sparen Kosten durch effizienten Materialeinsatz

I.Zeilhofer-Ficker

Kernthesen

- 100 Milliarden Euro könnten deutsche Fertigungsunternehmen pro Jahr sparen, wenn sie alle Einsparmöglichkeiten hinsichtlich Materialien und Produkte ausschöpfen würden.
- Die Politik fördert den sparsamen Umgang

mit Rohstoffen und Energie durch verschiedene Projekte der Deutschen Materialeffizienzagentur (demea) und Fördermaßnahmen für Forschung und Entwicklung.
- Auch die modernen Produktions- und Materialwirtschaftsmethoden wie beispielsweise die Lean-Techniken oder der kontinuierliche Verbesserungsprozess zielen auf den sparsamen Umgang mit wertvollen Ressourcen ab.

Beitrag

Rohstoffe werden knapp und teuer

Die Bundesrepublik Deutschland hat nur wenige eigene Rohstoffe. Laut dem VDI-Zentrum für Ressourcen, Effizienz und Klimaschutz (ZRE) haben die deutschen Industriebetriebe im Jahr 2008 insgesamt 230 Milliarden Euro für Rohstoffimporte ausgegeben. Über 40 Prozent der Kosten eines fertigenden Betriebs sind auf Material- und Rohstoffkosten zurückzuführen. Zum Vergleich: der Personalkostenanteil liegt im Durchschnitt bei knapp 20 Prozent. Trotzdem wird in schwierigen Zeiten meist zuerst am Personal gespart. Dabei könnte das produzierende Gewerbe pro Jahr 100 Milliarden Euro an Rohstoffkosten einsparen, wenn effizientere Herstellungsprozesse genutzt würden - bei gleich bleibender Qualität, versteht sich. (1), (2)

Ressourceneffizienz ist das Gebot der Stunde. Denn die Industriegesellschaften verbrauchen jetzt schon Jahr für Jahr mehr Ressourcen als unser Planet (nach-)liefern kann. Würden alle Völker leben wie wir, so wäre der Rohstoffverbrauch fünf- bis achtmal so hoch - mit kastastrophalen Folgen. Und die Weltbevölkerung wächst stetig, ebenso wie das verständliche Verlangen der unterentwickelten Staaten nach mehr Wohlstand und besserer Versorgung. (3)

Die Vorkommen von wichtigen Rohstoffen wie Erdöl oder Metallerzen werden weniger; gleichzeitig steigen die Rohstoffpreise, auch wegen des immer größer werdenden Rohstoffhungers der Schwellenländer (China, Indien, Brasilien und weitere). Die Bundesregierung hat deshalb schon Mitte der 90er Jahre das Ziel gesetzt, dass sich die Ressourceneffizienz bis zum Jahr 2020 verdoppeln solle. Rein statistisch scheint die deutsche Industrie diesem Ziel näher gekommen zu sein - nominell ist die Ressourcenproduktivität um 40 Prozent angewachsen - in der Realität wurden aber nur ressourcenintensive Produktionsprozesse ins Ausland verlagert. So mussten für jedes Kilogramm Importgut im Ausland 5 kg Rohstoffe eingesetzt werden. Bezieht man diesen Rohstoffeinsatz in die Gesamtrechnung mit ein, so wurden sogar 134 Millionen Tonnen mehr Rohstoffe verbraucht statt weniger. (4), (5)

Die Förderung der Ressourceneffizienz

Die demea (Deutsche Materialeffizienzagentur) hat vom Bundeswirtschaftsministerium den Auftrag erhalten, Firmen zu helfen, materialeffizienter zu arbeiten. Hauptaufgabe der demea ist die Beratung von kleinen und mittelständischen Unternehmen; in Großkonzernen ist der effiziente Materialeinsatz ohnehin wesentlich weiter entwickelt. Durch die Beratung wird versucht, die Ressourceneffizienz zu verbessern. Das Projekt VerMat ermöglicht die Übernahme von Beratungskosten bis zu 67 Prozent unter bestimmten Voraussetzungen. Durchschnittlich konnten durch die Beratung von mittelgroßen Betrieben Kostensenkungen von 220 000 Euro pro Jahr erreicht werden. Dabei waren bei mehr als der Hälfte der Projekte Investitionen von höchstens 10 000 Euro erforderlich. Die meisten Lösungen hatten sich nach ein bis zwei Jahren amortisiert. (4), (6)

Die demea verwaltet zudem den Beraterpool VerMat,

in dem Berater aufgeführt sind, die sich der Materialeffizienz verschrieben haben. Auf der Internetseite der demea (www.demea.de) können interessierte Unternehmen außerdem einen Selbstcheck durchführen. Die demea vergibt zudem jedes Jahr den Deutschen Materialeffizienz-Preis des Bundeswirtschaftsministeriums. (6)

Das Bundesforschungsministerium (www.bmbf.de) fördert über das Projekt MatRessource die Forschung und Entwicklung von Materialien für eine ressourceneffiziente Industrie und Gesellschaft. Durch weitere Maßnahmen werden innovative Technologien für Ressourceneffizienz und Innovationen für eine ressourceneffiziente Produktion unterstützt. Hilfreich für Kleinunternehmer ist auch das PIUS-Portal (Produktionsintegrierter Umweltschutz; www.pius-info.de), das für den Mittelstand Praxistools, Veranstaltungen, Texte und Materialien verfügbar macht. Möglicherweise bietet sich auch die Teilnahme an einem örtlichen Ökoprofit-Zyklus an (www.oekoprofit.com).

Vorgehensweise und Methoden

Will man seine Ressourceneffizienz verbessern, so steht am Anfang immer eine Analyse des Ist-Zustands. Stellt man den Materialeinsatz dem

Ergebnis gegenüber, so werden Möglichkeiten zur Materialeinsparung schnell offensichtlich. Detaillierte Input-Output-Analysen und Stoffstromanalysen können genauere Hinweise für Einsparpotenziale liefern. Hat man erst einmal sichtbar gemacht, wo die meisten Abfälle oder Verluste entstehen, so kann man untersuchen, wie man Einsparungen oder Wiederverwertungen erreichen kann. Noch drastischer ist die Notwendigkeit von Änderungen erkennbar, wenn man die "Abfälle" mit ihren Einkaufspreisen bewertet. Diese Bewertung hilft auch bei der Priorisierung von eventuellen Maßnahmen. (7)

Verbinden könnte man seine Maßnahmen zur Steigerung der Ressourceneffizienz aber auch mit einer Umstellung der Materialfluss- und Produktionsprozesse hin zur schlanken Fabrik. Das Lean-Prinzip ("keine Verschwendung") verhält sich zum Ziel der Ressourceneffizienz absolut komplementär. Der dabei enthaltene kontinuierliche Verbesserungsprozess stellt sicher, dass auf Erreichtem nicht ausgeruht wird. Ein ganzheitliches Vorgehen vom Produktdesign bis hin zur Entsorgung, zur Wiederverwertung und zum Recycling vermeidet ebenfalls die Verschwendung von teuren Ressourcen. So kann die gesamte Prozesskette untersucht und optimiert werden. (7), (8), (10)

Im Zusammenhang mit der Ressourceneffizienz wird

häufig die Energieeffizienz genannt. Dabei stehen die Energiekosten in einem durchschnittlichen Produktionsbetrieb nur für einen Anteil von rund zwei Prozent an den Gesamtkosten. Selbstverständlich muss auch der Energieverbrauch optimiert werden - in Rohstoffen und Vorprodukten stecken aber die wesentlich größeren Sparpotenziale. (2)

Trends

Unser Planet kann die heutige Wegwerfgesellschaft nicht mehr lange verkraften. Ein systematisches Umdenken ist erforderlich, damit das künftige Wirtschaftswachstum vom Ressourcenverbrauch entkoppelt wird. Die Aufgaben der Forschungs- und Entwicklungsabteilungen müssen wieder stärker auf Sparsamkeit, Langlebigkeit, Widerverwertbarkeit und Recyclingfähigkeit ausgerichtet werden. Technischer Fortschritt wird künftig ressourcensparend sein müssen. Ein interessanter Ansatz dazu ist das Prinzip "Cradle-to-Cradle" (von der Wiege zur Wiege), das die Entwicklung von Produkten propagiert, die zu 100 Prozent wieder verwendet beziehungsweise recycelt werden können. (9)In der produzierenden Wirtschaft kann auf Material- und Energieeffizienz schon heute nicht mehr verzichtet werden, will man konkurrenzfähig bleiben. Zahlreiche Techniken und

Methoden gibt es bereits, sie müssen nur umgesetzt werden. Den steigenden Rohstoffkosten muss man außerdem mit einer Ausweitung der Wiederverwertung und dem Recycling begegnen. Greifen die Anstrengungen der Wirtschaft allerdings nicht schnell und umfassend genug, ist es durchaus denkbar, dass die Politik mit "Luxussteuern" auf ressourcenintensive Produkte einen sorgsameren Umgang mit Rohstoffen bewirken könnte. Es liegt an den Unternehmen, dann bereits mit effizienten Produkten die Antwort parat zu haben.

Fallbeispiele

Die Fachmesse O & S 2010 zeigte einige eindrucksvolle Beispiele der Umsetzung von Ressourceneffizienz. Eine Lackiersprühpistole arbeitet zum Beispiel mit überhitztem Dampf statt mit Druckluft, wodurch 20 bis 25 Prozent weniger Lack verbraucht werden. Da dadurch auch der Verarbeitungsprozess verbessert wird, reduziert sich der Energieverbrauch auf fast die Hälfte. (11)

Durch viele kleine Prozessänderungen zur Steigerung der Ressourceneffizienz ist es einer österreichischen Brauerei gelungen, sowohl Wasserverbrauch als auch Wärmeeinsatz im Zeitraum von zwölf Jahren zu halbieren. (7)

Weiterführende Literatur

(1) Deutsche Wirtschaft verschwendet Milliarden Industrie geht mit Rohstoffen ineffektiv um - Vor allem im Mittelstand gibt es einen großen Nachholbedarf
aus DIE WELT, 26.04.2010, Nr. 96, S. 11

(2) Für eine deutsche Rohstoffstrategie
aus Frankfurter Allgemeine Zeitung, 20.10.2010, Nr. 244, S. 8

(3) Mit mehr Ressourceneffizienz könnte die Wirtschaft Mrd. EUR sparen
aus VDI NR. 40 VOM 08.10.2010 SEITE 1

(4) Ressourceneinsatz stagniert auf zu hohem Niveau
aus VDI NR. 39 VOM 01.10.2010 SEITE 7

(5) Der Ressourcenverbrauch wurde nur aus Deutschland verlagert
aus VDI NR. 46 VOM 19.11.2010 SEITE 5

(6) Effizienter Materialeinsatz Selbst die Büroklammer speckt ab
aus BA Beschaffung aktuell, Heft 11, 2010, S. 56

(7) Ressourceneffizienz durch Produktionsoptimierung
aus Zeitschrift für wirtschaftlichen Fabrikbetrieb, Heft 06/2010, S. 547-550

(8) Effizienzsteigerung durch Prozesskettenoptimierung Ein ganzheitlicher Ansatz für die Verbesserung des Ressourceneinsatzes in der Produktion
aus Industrie Management, Nr. 4, 2010, 57-60

(9) "Fortschritt lässt sich natursparend und arbeitsschaffend gestalten"
aus VDI NR. 40 VOM 08.10.2010 SEITE 4

(10) Ressourceneffizienz prägt Maschinenkonzepte
aus VDI NR. 41 VOM 15.10.2010 SEITE 11

(11) Energie- und Ressourceneffizienz im Fokus der zweiten Fachmesse O&S
aus BLECHNET Nr. 003 vom 01.06.2010 Seite 052

Impressum

Ressourceneffizienz umsetzen - nicht nur Großkonzerne sparen Kosten durch effizienten Materialeinsatz

Bibliografische Information der deutschen Nationalbibliothek

Die Deutsche Nationalbibliothek verzeichnet diese Publikation in der deutschen Nationalbibliografie; detaillierte bibliografische Daten sind im Internet über http://dnb.d-nb.de abrufbar.

ISBN: 978-3-7379-1516-8

© 2015 GBI-Genios Deutsche Wirtschaftsdatenbank GmbH, Freischützstraße 96, 81927 München, www.genios.de

Alle Rechte vorbehalten. Dieses Werk ist einschließlich aller seiner Teile – z.B. Texte, Tabellen und Grafiken - urheberrechtlich geschützt. Jede Verwertung außerhalb der Grenzen des Urheberrechtsgesetzes bedarf der vorherigen Zustimmung des Verlags. Dies gilt insbesondere auch für auszugsweise Nachdrucke, fotomechanische Vervielfältigungen (Fotokopie/Mikroskopie), Übersetzungen, Auswertungen durch Datenbanken oder ähnliche Einrichtungen und die Einspeicherung und Verarbeitung in elektronischen Systemen.